Gesunder Kräutergenuss

Köstliches aus frischen Kräutern

Gesunder Kräutergenuss

Köstliches aus frischen Kräutern

Jan Thorbecke Verlag

VERLAGSGRUPPE PATMOS

PATMOS
ESCHBACH
GRÜNEWALD
THORBECKE
SCHWABEN

Die Verlagsgruppe
mit Sinn für das Leben

Hinweis:
Kräuter und Wildkräuter sollten generell nur in Maßen genossen werden, da sie häufig Stoffe enthalten, die in großen Dosen gesundheitsschädigend wirken können. Pyrrolizidinalkaloide beispielsweise – etwa in Beinwell, Borretsch und Huflattich – setzen beim Abbau in der Leber giftige Stoffe frei. Die entsprechenden Kräuter sollten daher nur in geringer Menge und nicht zu oft verwendet werden.
Bitte informieren Sie sich vor der Verwendung von Kräutern und Wildkräutern über deren Eigenschaften und vermeiden Sie Verwechslungen mit anderen, möglicherweise giftigen Pflanzen. Der Verlag übernimmt ausdrücklich keine Haftung.

Für die Schwabenverlag AG ist Nachhaltigkeit ein wichtiger Maßstab ihres Handelns. Wir achten daher auf den Einsatz umweltschonender Ressourcen und Materialien.

Umschlaggestaltung: Finken & Bumiller, Stuttgart
Gestaltung, Satz und Repro: Schwabenverlag AG, Ostfildern
Rezepte: StockFood Rezeptservice
Fotos: StockFood GmbH, München
Umschlagabbildung: Africa Studio/Shutterstock.com
Druck: Grafisches Centrum Cuno GmbH & Co. KG, Calbe
Hergestellt in Deutschland
ISBN 978-3-7995-1024-0 (Print)
ISBN 978-3-7995-1035-6 (eBook)

Inhalt

Kräuter – gesund und lecker

Kräuter sind einfach kleine Alleskönner! Als unverzichtbare Würzmittel in der Küche, heilsame Helfer bei Krankheiten oder duftende Öle sind sie aus unserem Alltag nicht wegzudenken. Eine Zeitlang waren Kräuter mit Ausnahme der zehn bekanntesten – Rosmarin, Thymian, Salbei, Majoran, Oregano, Petersilie, Schnittlauch, Dill, Basilikum und Minze – fast ganz aus der Mode gekommen. Heute ist das zum Glück wieder anders geworden: Natürlich geben die oben genannten Kräuter kulinarisch gesehen noch immer den Ton an, aber viele andere Kräuter und Wildkräuter reihen sich ein in den Reigen aus vitaminreichen und frischen Würz- und Heilmitteln. Inzwischen ist es fast schon wieder selbstverständlich geworden, im Frühjahr Bärlauch zu sammeln – die Zeitschriften sind voller köstlicher Rezepte von Bärlauchquiche über Bärlauchpesto bis hin zu Bärlauchlasagne.

Dabei gilt natürlich: Gerade beim Sammeln von Wildkräutern sorgsam mit der Natur umgehen, das heißt wirklich nur für den Eigengebrauch sammeln, immer ausreichend Blätter und Blüten stehen lassen und auf örtliche Bestimmungen, z.B. in Naturschutzgebieten, achten. Außerdem muss man sich gerade bei Wildkräutern sicher sein, dass man die Pflanze zweifelsfrei bestimmen kann – oftmals gibt es nämlich ähnlich aussehende Pflanzen, deren Genuss uns gar nicht gut bekommt. So werden beispielsweise die Blätter des Bärlauchs gelegentlich mit denen der hoch giftigen Maiglöckchen verwechselt. Wenn man aber ausreichend Vorsicht walten lässt und es mit dem Genuss nicht übertreibt, bieten essbare Wildkräuter einzigartige Geschmackserlebnisse, die man nicht versäumen sollte. Wer sich nicht so sicher bei der Pflanzenbestimmung fühlt, kann die kleinen Vitaminbomben im Frühjahr auch manchmal auf dem Markt kaufen, und manche

Restaurants setzen ihren Rezepten das kulinarische i-Tüpfelchen auf, indem sie Wildkräuter wie Schafgarbe, Bärlauch oder Mädesüß einsetzen. So lassen sich gefahrlos besondere Geschmackserlebnisse erfahren. Und natürlich sollte man es mit dem Genuss von Kräutern nicht übertreiben. Manche der leckeren Würzmittel sind nämlich bei gelegentlichem Genuss in Maßen sehr gesund, haben aber schädliche Wirkung bei Überdosierung. Wenn man dies beachtet und ein breites Spektrum an Kräutern in die eigene Küche einbaut – statt täglich dasselbe Kraut zu essen oder im Tee zu trinken –, dann bieten Kräuter einfach unvergleichliche Genusserlebnisse, die auch noch gut für den Körper sind.

Viel Freude beim Genießen!

Apfel-Sauerampfer-Smoothie mit Wildkräutern

Sauerampfer enthält sehr viel Vitamin C, allerdings auch Oxalsäure. Er sollte daher in Maßen genossen werden.

Für 4 Personen

1 Hand voll Sauerampfer
1 Hand voll Löwenzahn
4 Stängel Basilikum
4 Blätter Schafgarbe
4 Stängel Gänsefuß
2 Äpfel, z.B. Granny Smith
½ Zitrone, Saft
1–2 EL Honig
ca. 500 ml Mineralwasser, still
(gut gekühlt)
4 EL Crushed Ice

1 | Die Kräuter abbrausen, trocken schütteln, nach Bedarf abzupfen und grob schneiden. Die Äpfel waschen, vierteln, die Stiele und das Kerngehäuse herausschneiden und die Viertel in Stücke schneiden.

2 | Zusammen mit den Kräutern, dem Zitronensaft, dem Honig und etwas kaltem Wasser im Mixer fein pürieren. Dabei nach und nach weiter kaltes Wasser ergänzen, bis die gewünschte Konsistenz erreicht ist.

3 | Noch einmal kurz mit dem Crushed Ice pürieren, in Gläser füllen und sofort servieren.

Mangold-Wirsing-Smoothie mit Grapefruit, Birne und Minze

Pfefferminze enthält vor allem das ätherische Öl Menthol sowie Gerb- und Bitterstoffe.

Für 4 Personen

100 g Mangold
100 g Wirsing
1 Grapefruit
1 Hand voll Minze
1 Birne
2 Bananen
150 ml Apfelsaft

1 | Den Mangold und den Wirsing abbrausen, trocken schütteln, harte Stiele und Blattrippen entfernen und die Blätter grob schneiden.

2 | Die Grapefruit gründlich schälen und würfeln. Die Minze abbrausen, trocken schütteln und die Blätter abzupfen. Die Birne waschen, vierteln, den Stiel und das Kerngehäuse herausschneiden und die Viertel in Stücke schneiden.

3 | Die Bananen schälen und in Scheiben schneiden. Zusammen mit der Birne, der Minze, der Grapefruit, dem Mangold und dem Wirsing in einen Mixer geben. Mit dem Apfelsaft fein pürieren, dabei kaltes Wasser (ca. 200 ml) bis zur gewünschten Konsistenz einfließen lassen. Den Smoothie in Gläser füllen und servieren.

Heidelbeer-Kiwi-Smoothie mit Spinat, Petersilie und Brennnesseln

Junge Brennnesseln enthalten viele Flavonoide, Vitamin A und C, Eisen sowie Mineralstoffe wie Magnesium und Kalzium.

Für 4 Personen

150 g Heidelbeeren
(frisch oder TK)
150 g blaue Weintrauben, nach
Belieben kernlos
3 Kiwis
1 Birne
1 Hand voll junger Spinat
1 Hand voll Petersilie
1 Hand voll junge
Brennnesselblätter
1 Orange, Saft
2 EL Birnendicksaft

1 | Frische Heidelbeeren abbrausen, trocken tupfen und etwa 30 Minuten anfrieren lassen. Die Trauben abbrausen und abzupfen. Eine Kiwi halbieren und aus der Mitte 4 Scheiben zum Garnieren abschneiden. Jeweils bis zur Mitte einschneiden. Den Rest und die übrigen Kiwis schälen und in Stücke schneiden.

2 | Die Birne waschen, vierteln, den Stiel und das Kerngehäuse herausschneiden und die Viertel in Stücke schneiden. Den Spinat, die Petersilie und die Brennnesseln abbrausen, trocken schütteln und grob schneiden. Zusammen mit der Birne, den Kiwis, den Trauben und den angefrorenen Heidelbeeren in einen Mixer geben.

3 | Den Orangensaft und den Birnendicksaft zugeben und alles fein pürieren. Nach Bedarf noch etwas kaltes Wasser ergänzen (ca. 200 ml) und in Gläser füllen. Mit je einer Scheibe Kiwi garniert servieren.

Grüner Smoothie mit Äpfeln, Salatgurke, Löwenzahn und Brennnessel

Löwenzahn enthält viele Bitterstoffe sowie Mineralstoffe und die Vitamine B1, B2, E und C.

Für 4 Personen

1 Apfel, Granny Smith
1 Salatgurke
1 Hand voll Löwenzahnblätter
1 Hand voll junge Brennnesselblätter
3–4 Stängel Dill
2 TL Gerstengrassaft-Pulver
5–6 Eiswürfel
½ Zitrone, Saft
Mineralwasser, zum Auffüllen
(nach Belieben still oder spritzig)

1 | Den Apfel und die Gurke waschen. Den Apfel vierteln, das Kerngehäuse herausschneiden und die Viertel in Spalten schneiden. Die Enden der Gurke abschneiden und diese in Scheiben schneiden.

2 | Den Löwenzahn, die Brennnesseln und den Dill abbrausen, trocken schütteln, abzupfen und zusammen mit dem Apfel, der Gurke, dem Gerstengrassaft-Pulver, den Eiswürfeln sowie dem Zitronensaft im Mixer fein pürieren.

3 | Auf 4 Gläser verteilen und mit gut gekühltem Mineralwasser aufgefüllt servieren.

Buttermilchdrink mit Kresse und Radieschen

Schnittlauch enthält u.a. Eisen und Vitamin C.

Für 4 Personen

150 g Radieschen
1 Kästchen Gartenkresse
20 g Schnittlauch
600 ml Buttermilch
1 Zitrone, Saft
Salz

1 | Die Radieschen putzen, waschen und fein stifteln. Die Kresse vom Beet schneiden. Den Schnittlauch abbrausen, trocken schütteln und in feine Röllchen schneiden.

2 | Die Buttermilch mit dem Zitronensaft und ca. 200 ml kaltem Wasser verrühren. Die Kräuter und die Radieschen untermischen und mit Salz abschmecken. In Gläser füllen und servieren.

Brot mit Bärlauch-Hüttenkäse und Gänseblümchen

Bärlauch enthält viel Vitamin C sowie ätherische Öle, Magnesium und Eisen.

Für 4 Personen

1 Baguette
1 Hand voll Bärlauch (ca. 30 g)
2 EL Olivenöl
20 g Pinienkerne
400 g Hüttenkäse
Salz
Pfeffer aus der Mühle
Gänseblümchen zum Garnieren

1 | Das Baguette in ca. 12 Scheiben schneiden. Den Bärlauch waschen, putzen und trocken tupfen. Mit dem Olivenöl und den Pinienkernen im Mixer fein pürieren. Unter den Hüttenkäse mengen und mit Salz und Pfeffer abschmecken.

2 | Auf die Brotscheiben verteilen (diese nach Belieben davor kurz rösten) und mit Gänseblümchenblüten garniert servieren.

Gurken mit Frischkäse und Minze gefüllt

Gartenkresse besitzt einen hohen Gehalt an Vitamin C, Eisen, Kalzium und Folsäure und enthält Vitamin B sowie Senfölglykoside.

Für 4 Personen

1 dicke Salatgurke
4 Stängel Minze
200 g Ziegenfrischkäse
1 Schälchen frische Gartenkresse

1 | Die Gurke schälen und in vier Abschnitte von 5 cm Länge schneiden. Aufrecht auf die Arbeitsfläche stellen und jeden Gurkenabschnitt gut bis zur Hälfte mit einem Kugelausstecher aushöhlen.

2 | Die Minze waschen, trocken schütteln und die Stängelspitzen als Dekoration beiseitelegen. Die Blätter der restlichen Minze klein schneiden. Den Ziegenfrischkäse mit einer Gabel zerdrücken, mit der geschnittenen Minze vermischen und mit dieser Mischung die ausgehöhlten Gurken füllen.

3 | Die Kresse mit einer Schere aus dem Schälchen schneiden und als Bett auf kleinen Tellern verteilen. Die gefüllten Gurken auf die Kresse setzen und mit den Minzespitzen garnieren.

Brunnenkressesuppe

Brunnenkresse enthält neben Senfölen und Senfölglykosiden die Vitamine A, C, D und E sowie Bitterstoffe, Mineralien, Eisen und Jod.

Für 4 Personen

1 Zwiebel
1 Knoblauchzehe
150 g mehligkochende Kartoffeln
2 EL Butter
2 EL Mehl
ca. 1 l Gemüsebrühe
Salz
Pfeffer aus der Mühle
120 g Brunnenkresse
1 Hand voll Petersilie
3–4 Stängel Dill
2–3 EL Crème fraîche oder
Crème légère

1 | Die Zwiebel, den Knoblauch und die Kartoffeln schälen und klein würfeln. Zunächst die Zwiebelwürfel mit dem Knoblauch in der heißen Butter in einem Topf glasig anschwitzen. Die Kartoffeln zugeben, das Mehl unterrühren, die Brühe angießen, aufkochen lassen, salzen, pfeffern und etwa 20 Minuten unter gelegentlichem Rühren leise köcheln lassen.

2 | Die Brunnenkresse, die Petersilie und den Dill abbrausen, trocken schütteln und abzupfen. Zur Suppe geben und alles fein pürieren. Je nach gewünschter Konsistenz noch ein wenig einköcheln lassen oder Brühe ergänzen.

3 | Von der Herdplatte nehmen, die Crème fraîche oder Crème légère einrühren und abschmecken. Die Suppe auf Tassen verteilen und servieren.

Wildkräutersuppe mit Gänseblümchen

Gänseblümchen sehen nicht nur dekorativ aus, sondern enthalten auch Saponine, Bitter-, Gerb- und Schleimstoffe, ätherische Öle und Flavonoide.

Für 4 Personen

400 g mehligkochende
Kartoffeln
150 g Knollensellerie
4 Frühlingszwiebeln
1 Knoblauchzehe
1 EL Pflanzenöl
150 ml trockener Weißwein
ca. 800 ml Gemüsebrühe
2 Hand voll junger Spinat
1 Hand voll junge
Brennnesselblätter
1 Hand voll Löwenzahn
1 Hand voll Kerbel
1 Kästchen Gartenkresse
Salz
1–2 EL Zitronensaft
Muskat
Pfeffer aus der Mühle
Gänseblümchenblüten
zum Garnieren

1 | Die Kartoffeln und den Sellerie schälen, waschen und in Würfel schneiden. Die Frühlingszwiebeln waschen, putzen und in Ringe schneiden. Die Knoblauchzehe schälen und hacken. Mit den Frühlingszwiebeln 1–2 Minuten in heißem Öl in einem Topf farblos anschwitzen und mit dem Wein ablöschen. Die Kartoffeln und den Sellerie zugeben und die Brühe angießen. Etwa 20 Minuten leise gar köcheln lassen.

2 | Den Spinat, die Brennnesselblätter, den Löwenzahn und den Kerbel abbrausen, trocken schütteln, abzupfen und grob hacken. Ein wenig zum Garnieren beiseitelegen. Die Kresse abschneiden, ebenfalls ein wenig unter die Kräuter zum Garnieren mengen, den Rest mit den übrigen Kräutern zur Suppe geben und fein pürieren.

3 | Je nach gewünschter Konsistenz noch ein wenig einköcheln lassen oder Brühe zufügen. Mit Salz, Zitronensaft, Muskat und Pfeffer abschmecken.

4 | Die Suppe auf Teller verteilen und mit der Kräutermischung bestreuen. Mit Gänseblümchen garniert servieren.

Weidenröschensalat mit Quinoa

Das Schmalblättrige Weidenröschen enthält u.a. Vitamin C, Flavonoide und Gerbstoffe.

Für 4 Personen

200 g Quinoa
Salz
2 Hand voll
Schmalblättrige Weidenröschen,
Stiele und Blätter
70 ml Olivenöl
½ unbehandelte Zitrone,
Saft und Zesten
2 EL Schnittlauchröllchen
Pfeffer aus der Mühle

1 | Die Quinoa in einem Sieb abspülen. In 600 ml kochendem Wasser zugedeckt bei niedriger Temperatur ca. 12 Minuten garen und danach zugedeckt neben dem Herd weitere 10 Minuten ausquellen lassen. Mit Salz würzen und zum Abkühlen beiseite stellen.

2 | Die Weidenröschen waschen, die Blätter von den Stielen zupfen und die Stiele klein schneiden. 2 EL Olivenöl in einer Pfanne erhitzen und die Stiele darin unter Rühren ca. 3–4 Minuten braten. Mit dem Zitronensaft ablöschen und unter die Quinoa heben.

3 | Die Blätter der Weidenröschen in Streifen schneiden und zusammen mit dem restlichen Olivenöl zum Salat geben. Den Schnittlauch untermischen und mit Salz und Pfeffer abschmecken. In Schälchen anrichten und mit Zitronenzesten garnieren.

Bulgursalat mit Falafel

Für 4 Personen

Falafel
1 altbackenes Brötchen,
eingeweicht
300 g getrocknete Kichererbsen,
über Nacht eingeweicht
2 Frühlingszwiebeln
1 Knoblauchzehe
1 Msp. Backpulver
2 EL frisch gehackte Petersilie
2 EL frisch gehackter Koriander
Kreuzkümmel, gemahlen
Salz
Cayennepfeffer
Semmelbrösel, nach Bedarf
Pflanzenöl, zum Ausbacken

Salat
200 g feiner Bulgur
150 g Cherrytomaten
½ Salatgurke
1 Hand voll junger Grünkohl
100 g Chinakohl
1 Hand voll Löwenzahn
1 Hand voll Minze
1 Zitrone, Saft
Salz
Pfeffer aus der Mühle
1 Prise Zucker
5–6 EL Olivenöl
4 EL Hummus
Koriandergrün, zum Garnieren

Koriander hat einen hohen Gehalt an ätherischen Ölen, weist aber auch Gerbstoffe und Flavonoide auf.

1 | Die Kichererbsen abtropfen lassen und zusammen mit dem ausgedrückten Brötchen fein pürieren. Die Frühlingszwiebeln waschen, putzen und sehr fein hacken. Den Knoblauch schälen und ebenfalls sehr fein hacken. Die Frühlingszwiebeln, den Knoblauch, das Backpulver und die Kräuter unter die Kichererbsenpaste mengen. Mit Kreuzkümmel, Salz und Cayennepfeffer würzen. Nach Bedarf Brösel unterkneten. Aus dem Teig etwa 20 kleine Bällchen formen.

2 | Den Bulgur mit warmem Wasser übergießen, bis er ganz bedeckt ist. Etwa 20 Minuten quellen lassen. Die Tomaten waschen und halbieren. Die Gurke schälen, längs vierteln und in Stücke schneiden. Den Grünkohl, den Chinakohl, den Löwenzahn und die Minze waschen, putzen und fein hacken. Für das Dressing den Zitronensaft mit Salz, Pfeffer, Zucker und Öl verrühren. Den Bulgur in einem Sieb abgießen, mit kaltem Wasser abbrausen und etwas ausdrücken. Wieder in die Schüssel geben und die Kräuter sowie den Kohl untermischen und abschmecken.

3 | Die Falafel in heißem Öl (ca. 170 °C) 5–6 Minuten goldbraun frittieren. Auf Küchenkrepp abtropfen lassen. Mit Bulgursalat, je 1 EL Hummus, Gurke, Tomate und Koriander servieren.

Bunter Salatteller mit Essblüten

Kapuzinerkresse sieht äußerst dekorativ aus und enthält Vitamin C sowie Senfölglykoside.

Für 4 Personen

250 g gemischter Blattsalat,
z.B. Romana, Lollo rosso, Rucola
2 Hand voll Essblüten, z.B. von
Hibiskus, Ringelblume,
Duftrose, Stiefmütterchen,
Schnittlauch, Veilchen,
Kapuzinerkresse etc.
20 g Schnittlauch
2–3 Stängel Dill
1 Hand voll Himbeeren
4 Radieschen mit
jungen Blättern
4 EL Weißweinessig
Salz
weißer Pfeffer
1 TL Zucker
4–5 EL Rapsöl

1 | Den Blattsalat abbrausen, trocken schütteln, putzen und nach Bedarf kleiner zupfen. Die Blüten verlesen. Den Schnittlauch und den Dill abbrausen, trocken schütteln, den Dill abzupfen und den Schnittlauch in feine Röllchen schneiden.

2 | Die Himbeeren verlesen. Die Radieschen waschen, putzen, die Blätter zum Blattsalat geben und die Radieschen in feine Scheiben schneiden oder hobeln.

3 | Alle vorbereiteten Salatzutaten dekorativ auf Tellern anrichten, mit dem Dill und Schnittlauch bestreuen und mit den Blüten garnieren.

4 | Für das Dressing den Essig mit Salz, Pfeffer, Zucker und Öl verrühren und abschmecken. Über den Salat träufeln und servieren.

Kartoffelsalat mit Kräutern und Schnittlauchblüten

Kerbel enthält neben ätherischem Öl, Bitterstoffen und Vitamin C auch viel Magnesium und Eisen.

Für 4 Personen

800 g festkochende Kartoffeln
Salz
1 Salatgurke
1 Hand voll Petersilie
einige Blättchen Kerbel
30 g Schnittlauch mit Blüten
3–4 Frühlingszwiebeln
1 Knoblauchzehe
200 g Joghurt
3–4 EL Gemüsebrühe
½ unbehandelte Zitrone,
Abrieb und Saft
1 Prise Zucker
Pfeffer aus der Mühle

1 | Die Kartoffeln schälen, waschen, in Spalten schneiden und in Salzwasser ca. 20 Minuten gar kochen. Anschließend abgießen, abtropfen und auskühlen lassen.

2 | Die Gurke waschen, längs vierteln, entkernen und in Scheiben schneiden. Die Kräuter abbrausen und trocken schütteln. Die Schnittlauchblüten abzupfen und zum Garnieren beiseitelegen. Die Petersilie und den Kerbel abzupfen und grob hacken. Den Schnittlauch in 3–4 cm lange Stücke schneiden. Die Frühlingszwiebeln waschen, putzen und in feine Ringe schneiden.

3 | Den Knoblauch schälen und in eine Schüssel pressen. Mit dem Joghurt, der Brühe, dem Zitronenabrieb und -saft verrühren und mit Zucker, Salz und Pfeffer würzen. Die Kartoffeln, die Gurke, die Frühlingszwiebeln und die Kräuter untermengen und abschmecken. Mit den Schnittlauchblüten garniert servieren.

Frühlingskräutersalat mit Frittata

Für 4 Personen

Salat

4 Hand voll gemischter Frühlings-
kräuter, z.B. Löwenzahn, Borretsch, Portulak, Brennnessel,
Schafgarbe, Beinwell, Giersch etc.
2 Hand voll Essblüten,
z.B. Schlüsselblume, Gänseblümchen, Vergissmeinnicht
200 g eingelegter Kürbis
3–4 EL Weißweinessig
4 EL Olivenöl
2 TL körniger Senf
Salz
Pfeffer aus der Mühle
1 Prise Zucker

Frittata

200 g Spinat, ersatzweise auch
Löwenzahn, Rucola oder Mangold
1 Schalotte
1 EL Butter
4 Eier
3–4 EL Sahne
Salz
Pfeffer aus der Mühle
Muskat

1 | Die Frühlingskräuter abbrausen, verlesen und trocken tupfen. Die Blüten verlesen. Den Kürbis abtropfen lassen und in kleine Würfel schneiden. Für die Vinaigrette den Essig mit Öl und Senf verrühren und mit Salz, Pfeffer und Zucker abschmecken.

2 | Für die Frittata den Spinat waschen, putzen und trocken schleudern. Die Schalotte schälen und fein würfeln. In einer heißen Pfanne in der Butter glasig schwitzen. Den Spinat zugeben und zusammenfallen lassen. Die entstandene Flüssigkeit verdampfen lassen. Die Eier mit der Sahne verquirlen und mit Salz, Pfeffer und Muskat würzen. Über den Spinat gießen und 2–3 Minuten stocken lassen.

3 | Die Frittata mit Hilfe eines Tellers wenden und in 1–2 Minuten fertig backen. Aus der Pfanne nehmen und in Stücke schneiden. Mit den Kräutern und den Blüten auf Tellern anrichten und den Kürbis über dem Salat verteilen. Mit dem Dressing beträufelt servieren.

Roter Reis mit drei Sorten Nesseln

Taubnesseln sind eine hübsche Dekoration auf Speisen und enthalten u.a. Saponine, ätherische Öle sowie Schleim- und Gerbstoffe.

Für 4 Personen

300 g roter Reis
Salz
40 g Walnusskerne
1–2 Hand voll
junge Brennnesseln
1–2 Hand voll rote Taubnesseln
mit Blüten
1–2 Hand voll weiße Taubnesseln
mit Blüten
1 Hand voll Petersilie
4 EL Butter
Pfeffer aus der Mühle
Muskat, frisch gerieben

1 | Den Reis nach Packungsanweisung in Salzwasser garen (ca. 50 Minuten).

2 | Währenddessen die Walnüsse in einer Pfanne ohne Fett hellbraun und duftend rösten. Herausnehmen, abkühlen lassen und klein hacken. Die Brennnesseln und Taubnesseln verlesen, die Blüten abzupfen und zur Seite legen. Die Nesseln in kochendem Salzwasser kurz blanchieren. Abgießen, abschrecken und gut abtropfen lassen. Die Petersilie abbrausen, trocken schütteln, die Blätter abzupfen und fein hacken.

3 | Die Butter, die Nesseln, die Petersilie und die Nüsse unter den fertigen Reis mengen und kurz warm werden lassen. Mit Salz, Pfeffer und Muskat abschmecken und mit den Blüten garniert servieren.

Gedämpfter Giersch mit blauen Kartoffeln

Giersch enthält neben ätherischem Öl auch Flavonolglykoside, Kalium, Vitamin C und Provitamin A.

Für 4 Personen

800 g lila Kartoffeln,
z.B. Vitelotte
Salz
400 g Giersch,
ersatzweise Babyspinat
2 EL Butter
1–2 EL körniger Senf
1–2 TL Zitronensaft
Salz
Pfeffer aus der Mühle
1 Prise Zucker

1 | Die Kartoffeln schälen, in Stücke schneiden und in wenig gesalzenem Wasser in einem Topf ca. 15 Minuten gar köcheln lassen. Den Giersch waschen, putzen, klein schneiden und in einem Dämpfeinsatz über den Kartoffeln 5–8 Minuten dämpfen. Anschließend herausnehmen und die Kartoffeln abgießen.

2 | Die Butter in einer großen Pfanne zerlassen und den Giersch mit den Kartoffeln darin schwenken. Den Senf und Zitronensaft zugeben und mit Salz, Pfeffer und Zucker würzen. Abschmecken und servieren.

Glaskrautterrine mit Lindenblättersalat und Veilchen

Das Aufrechte Glaskraut gehört zu den Brennnesselgewächsen und enthält u.a. Flavonoide und Bitterstoffe.

Für 4 Personen

Terrine
50 g junge Blätter von Aufrechtem Glaskraut oder Brennnesseln
250 g Brokkoli
1 EL Pflanzenöl
Salz
Pfeffer aus der Mühle
Muskat, frisch gerieben
100 ml Spinatsaft
100 ml Gemüsebrühe
2 Eier
150 ml Sahne

Salat
4 EL Sonnenblumenkerne
150 g junge Lindenblätter
1–2 Hand voll Essblüten, z.B. Veilchen, gelbe Ringelblumen
3–4 EL Rapsöl
3–4 EL Apfelessig
Salz
Zucker

1 | Das Glaskraut abbrausen, trocken schütteln und einige Blätter zum Garnieren zur Seite legen. Den Brokkoli waschen, putzen und in kleinste Stücke zerteilen. Im heißen Öl andünsten, salzen, pfeffern und mit Muskat würzen. Den Spinatsaft und die Brühe angießen und ca. 10 Minuten weich garen. Dann das Glaskraut dazugeben, pürieren und durch ein feines Sieb streichen.

2 | Den Ofen auf 200 °C Ober- und Unterhitze vorheizen. Die Eier mit der Sahne verquirlen. Die Brokkoli-Glaskraut-Mischung darunterrühren. Die Masse in eine eckige Form (ca. 750 ml) gießen und in eine Auflaufform stellen. Mit einem Deckel oder Alufolie abdecken. Etwa zu zwei Dritteln hoch heißes Wasser in die Auflaufform angießen und im Ofen ca. 45 Minuten garen. Auskühlen lassen.

3 | Die Sonnenblumenkerne kurz ohne Fett anrösten und abkühlen lassen. Die Lindenblätter abbrausen, trocken schütteln und verlesen. Mit den Essblüten auf Tellern anrichten. Das Öl mit dem Essig, je einer Prise Salz und Zucker verquirlen und abschmecken.

4 | Die Terrine stürzen und in Dreiecke schneiden. Neben dem Salat anrichten, mit übrigem Glaskraut garnieren und Sonnenblumenkernen bestreuen. Den Salat mit dem Dressing beträufeln und servieren.

Kräuter-Pfannkuchen

Dill enthält vor allem ätherisches Öl sowie die Mineralstoffe Kalium und Kalzium.

Für 4 Personen

2 Eier
4 EL geriebener Parmesan
ca. 500 ml Milch
250 g Mehl
1–2 Hand voll gemischte Kräuter,
z.B. Petersilie, Schnittlauch,
Dill, Minze
3–4 EL Pflanzenöl
Gänseblümchen zum Garnieren

1 | Die Eier mit dem Parmesan und ca. 450 ml Milch gut verquirlen. Das Mehl unterrühren, bis ein glatter Pfannkuchenteig entstanden ist. Diesen ca. 20 Minuten quellen lassen.

2 | Währenddessen die Kräuter abbrausen, trocken tupfen und klein hacken. Die Kräuter unter den Teig rühren und evtl. noch etwas Milch hinzufügen, falls der Teig zu zäh ist.

3 | Etwas Öl in eine heiße Pfanne geben, eine kleine Kelle Teig hineingießen und durch Schwenken der Pfanne verteilen. Goldbraun anbacken lassen, dann wenden und auf der zweiten Seite fertig backen. Auf diese Weise den ganzen Teig zu Pfannkuchen backen und die fertigen auf einem Teller stapeln. Zum Servieren mit Gänseblümchen garnieren und nach Belieben z.B. Kokoschutney dazu reichen.

Wald- und Wiesen-Burger

Basilikum enthält neben ätherischem Öl auch Saponine, Gerbstoffe und Flavonoide.

Für 4 Personen

500 g Hackfleisch, Reh oder Rind
1 Schalotte
1 TL scharfer Senf
1 Ei
2 EL Semmelbrösel
Salz
Piment, gemahlen
Pfeffer aus der Mühle
3 EL Pflanzenöl
4 Brötchen, z.B. Roggenbrötchen
4 EL Crème fraîche
1 EL Preiselbeeren aus dem Glas
2 Hand voll frische Kräuter,
z.B. Sauerampfer, Pimpinelle,
Basilikum
4 Scheiben Bergkäse, ca. 100 g

1 | Das Hackfleisch in eine Schüssel geben. Die Schalotte schälen und fein würfeln. Mit dem Senf, dem Ei und den Bröseln unter das Hackfleisch mischen und gut verkneten. Mit Salz, Piment und Pfeffer würzen und aus der Masse 4 Frikadellen formen. In eine heiße Pfanne mit 2 EL Öl legen und etwa 5 Minuten goldbraun anbraten.

2 | Währenddessen die Brötchen halbieren und die Schnittflächen in einer geölten Grillpfanne braun rösten. Die Crème fraîche mit den Preiselbeeren verrühren. Die Kräuter abbrausen, trocken schütteln, abzupfen und grob schneiden.

3 | Die Frikadellen in der Pfanne wenden, mit dem Käse belegen und weitere ca. 5 Minuten fertig braten. Die Creme auf die Brötchenunterseiten streichen, mit den Kräutern bestreuen und die Käse-Frikadellen daraufsetzen. Die Deckel auflegen und servieren.

Graupenrisotto mit Giersch und Jakobsmuscheln

Für 4 Personen

4 Frühlingszwiebeln
2 EL Olivenöl
250 g Graupen
250 ml trockener Weißwein
Salz
Pfeffer aus der Mühle
ca. 800 ml Gemüsebrühe
100 g Zuckerschoten
120 g Giersch
2 Stängel Salbei
8 Jakobsmuscheln,
küchenfertig ausgelöst
4 EL Butter
1 unbehandelte Orange,
Zesten und Saft
2 cl Orangenlikör
80 g Parmesan oder Pecorino
1 Hand voll Gänseblümchenblüten zum Garnieren

1 | Die Frühlingszwiebeln waschen, putzen und in Ringe schneiden. Die dunkelgrünen Ringe beiseitelegen, den Rest im heißen Öl in einem Topf kurz anschwitzen. Die Graupen kurz mitschwitzen, dann mit dem Wein ablöschen. Salzen, pfeffern und etwas Brühe angießen. Unter Rühren immer wieder einkochen lassen und Brühe nachgießen, bis die Graupen cremig und mit leichtem Biss gegart sind (ca. 30 Minuten).

2 | Die Zuckerschoten waschen, putzen und in Salzwasser ca. 1 Minute blanchieren. Abschrecken, abtropfen lassen und schräg halbieren. Die Kräuter abbrausen, trocken schütteln, die Blätter abzupfen und grob schneiden. Etwas Giersch zum Garnieren beiseitelegen.

3 | Die Muscheln abbrausen und trocken tupfen. Mit Salz und Pfeffer würzen. In einer heißen Pfanne in 2 EL Butter auf beiden Seiten je ca. 1 Minute goldbraun braten. Mit dem Orangensaft und dem Likör ablöschen, die Zesten zugeben, etwas reduzieren und von der Hitze nehmen.

4 | Den Käse klein zerbröckeln und zusammen mit der übrigen Butter, dem Frühlingszwiebelgrün und den Kräutern unter das Graupenrisotto mischen. Mit Salz und Pfeffer abschmecken. Auf Tellern anrichten und die Muscheln mit der Orangensauce darüber verteilen. Mit Gänseblümchen und dem übrigen Giersch garnieren.

Kresse-Einkorn-Auflauf mit Möhrensauce

Thymian enthält neben dem ätherischen Öl auch Gerbstoffe und Flavonoide.

Für 4 Personen

1 Kästchen Gartenkresse
2–3 Stängel Thymian
2 Frühlingszwiebeln
Pflanzenöl für 4 kleine Auflaufförmchen
4 Eier
80 g weiche Butter
Salz
1 Prise Muskat, frisch gerieben
80 g geriebener Käse, z.B. Emmentaler, Greyerzer
75 ml Milch
2 EL Crème fraîche
60 g Einkornmehl

Sauce
2 Möhren
2–3 cm Ingwer
1 Prise Zucker
1 Orange, Saft
ca. 75 ml Gemüsebrühe
1 Spritzer Zitronensaft

1 | Die Kresse abschneiden. Den Thymian abbrausen, trocken schütteln und fein hacken. Die Frühlingszwiebeln waschen, putzen und in feine Ringe schneiden. Den Ofen auf 200 °C Unter- und Oberhitze vorheizen. 4 kleine Auflaufförmchen mit Öl auspinseln.

2 | Die Eier trennen. Die Butter mit den Eigelben, Salz und Muskat schaumig rühren. Den geriebenen Käse, die Milch und die Crème fraîche untermengen. Anschließend die Eiweiße steif schlagen und das Einkornmehl, die Frühlingszwiebeln und die Kräuter unterziehen.

3 | Die Masse in die Förmchen füllen und im Ofen ca. 20 Minuten goldbraun backen. Währenddessen für die Sauce die Möhren und den Ingwer schälen, beides klein würfeln. Mit dem Zucker, dem Orangensaft und der Brühe aufkochen. Zugedeckt ca. 10 Minuten weich dünsten. Anschließend durch ein feines Sieb streichen und zurück im Topf nach Bedarf noch etwas einköcheln lassen oder Brühe ergänzen. Mit Salz und Zitronensaft abschmecken.

4 | Die kleinen Aufläufe aus dem Ofen nehmen, vorsichtig aus den Förmchen lösen und mit der Sauce auf Tellern angerichtet servieren. Dazu nach Belieben Möhrenchips reichen.

Spargel mit Kräutersauce

Pimpinelle (Kleiner Wiesen-knopf) enthält viele Mineral-stoffe und Vitamine, besonders Vitamin C, sowie Gerbstoffe.

Für 4 Personen

2 kg weißer Spargel
Salz
1 EL Zucker
1 Zitrone, Saft
2 Hand voll Rucola
1 Hand voll Pimpinelle
20 g Schnittlauch
1 Kästchen Kresse
350 g Joghurt,
nach Belieben fettarm
Pfeffer aus der Mühle

1 | Den Spargel schälen und evtl. holzige Enden abschneiden. In einem großen Topf reichlich Wasser mit 1 EL Salz, dem Zucker und dem Saft einer halben Zitrone aufkochen lassen. Den Spargel in das Wasser legen und darin ca. 20 Minuten leise gar simmern lassen.

2 | Den Rucola, die Pimpinelle und den Schnittlauch abbrausen, trocken schütteln, einige Rucola- und Pimpinelleblätter zum Garnieren beiseitelegen und den Rest hacken. Die Kresse abschneiden, klein schneiden und zusammen mit den Kräutern unter den Joghurt mischen. Mit Zitronensaft, Salz und Pfeffer abschmecken.

3 | Den Spargel aus dem Wasser heben und abgetropft auf Tellern anrichten. Die Sauce darübergeben und mit den übrigen Kräutern bestreut servieren.

Kräuterfrittata mit Ziegenkäse

Liebstöckel enthält u.a. ätherisches Öl, Bitter- und Gerbstoffe.

Für 4 Personen

2–3 Hand voll frische Kräuter, z.B. Schnittlauch, Petersilie, Dill, Estragon, Liebstöckel
4 Frühlingszwiebeln
2 EL Butter
10 Eier
75 ml Milch oder Mineralwasser
Salz
Pfeffer aus der Mühle
100 g Ziegenkäse, Rolle

1 | Den Ofen auf 200 °C Oberhitze vorheizen.

2 | Die Kräuter abbrausen, trocken schütteln, abzupfen und fein hacken bzw. den Schnittlauch in feine Röllchen schneiden. Die Frühlingszwiebeln waschen, putzen und schräg in Ringe schneiden. Die Frühlingszwiebeln in einer heißen, ofenfesten Pfanne in der Butter glasig anschwitzen.

3 | Die Eier mit den Kräutern und der Milch bzw. dem Mineralwasser verquirlen. Mit Salz und Pfeffer würzen. Über die Frühlingszwiebeln gießen, untermischen und ohne weiteres Rühren etwa 2 Minuten anstocken lassen. Den Käse in Scheiben schneiden, auf der Frittata verteilen und im Ofen ca. 10 Minuten goldbraun fertig backen. In Stücke geteilt servieren.

Bandnudeln mit Petersilienpesto

Petersilie enthält ätherische Öle und Flavonoide und besitzt einen hohen Gehalt an Vitamin C.

Für 4 Personen

500 g Tagliatelle
Salz
80 g Petersilie
40 g Mandelkerne, geschält
2 frische Knoblauchzehen
2 EL Kürbiskernöl
2 EL Crème fraîche
ca. 60 ml Olivenöl
2 EL frisch geriebener Parmesan
Pfeffer aus der Mühle
1 Spritzer Zitronensaft

1 | Die Nudeln in Salzwasser nach Packungsanweisung al dente kochen.

2 | Die Petersilie abbrausen, trocken schütteln und die Blätter abzupfen. Mit den Mandeln, dem geschältem Knoblauch, dem Kürbiskernöl, der Crème fraîche und 3–4 EL Nudelkochwasser im Mixer fein pürieren. Dabei nach Bedarf Olivenöl und evtl. noch ein wenig Kochwasser einfließen lassen, bis ein sämiges Pesto entstanden ist. Den Parmesan untermischen und mit Salz, Pfeffer und Zitronensaft abschmecken.

3 | Die Nudeln abgießen, abtropfen lassen, unter das Pesto mischen und auf Tellern angerichtet servieren.

Vegetarische Buletten

Oregano enthält u.a. Gerb- und Bitterstoffe sowie Vitamin C.

Für 4 Personen

1 Schalotte
1 Knoblauchzehe
4–5 EL Olivenöl
ca. 600 ml Gemüsebrühe
250 g Hirse
2 Eier
2–3 EL Semmelbrösel
1 Hand voll Kräuter,
z.B. Basilikum, Kerbel, Thymian,
Oregano
Salz
Pfeffer aus der Mühle
Muskat, frisch gerieben

1 | Die Schalotte und den Knoblauch schälen und fein würfeln. In 1 EL heißem Olivenöl kurz anschwitzen und mit ca. 500 ml Brühe ablöschen. Die Hirse in einem Sieb waschen und in die Brühe geben. Zugedeckt ca. 15 Minuten leise köcheln lassen. Vom Herd nehmen und weitere 15–20 Minuten zugedeckt ausquellen lassen. Falls nötig, noch ein wenig Brühe zufügen. Die Hirse sollte am Ende die gesamte Flüssigkeit aufgesaugt haben.

2 | Anschließend offen ein wenig abkühlen lassen, die Eier, die Brösel sowie die abgezupften und fein gehackten Kräuter zufügen und das Ganze zu einer formbaren Masse vermengen. Mit Salz, Pfeffer und Muskat würzen und zu Buletten formen.

3 | Im restlichen heißen Öl portionsweise auf jeder Seite 2–3 Minuten goldbraun braten. Auf Küchenkrepp abtropfen lassen und servieren. Dazu passt ein frischer Salat mit Kräutern (S. 30 oder 34).

Pellkartoffeln mit Kräuterquark und Essblüten

Borretsch enthält u.a. Schleim- und Gerbstoffe sowie Flavonoide und Saponine. Wegen der Pyrrolizidinalkaloide sollte er in Maßen genossen werden.

Für 4 Personen

1–1,5 kg festkochende Kartoffeln
2 frische Knoblauchzehen
400 g Quark
100 g Joghurt
2 EL Leinöl
40 g Schnittlauch
40 g krause Petersilie
1–2 EL Zitronensaft
Salz
Pfeffer aus der Mühle
Essblüten für die Garnitur
(z.B. Kapuzinerkresse
und Borretsch)

1 | Die Kartoffeln waschen und in der Schale ca. 30 Minuten gar dämpfen.

2 | Währenddessen den Knoblauch schälen und in eine Schüssel pressen. Mit dem Quark, dem Joghurt und dem Öl glatt rühren. Den Schnittlauch und die Petersilie abbrausen, die Petersilie hacken und den Schnittlauch in feine Röllchen schneiden. Jeweils etwa die Hälfte zum Bestreuen beiseitelegen und den Rest unter den Quark mengen. Mit Zitronensaft, Salz und Pfeffer abschmecken.

3 | Die Kartoffeln pellen und mit dem Quark auf Tellern anrichten. Mit den übrigen Kräutern bestreuen und mit Blüten garniert servieren.

Hirseauflauf mit Brennnesseln

Knoblauch enthält neben ätherischem Öl u.a. Selen.

Für 4 Personen

250 g Hirse
1 Knoblauchzehe
2 EL Butter
ca. 500 ml Gemüsebrühe
Salz
Pfeffer aus der Mühle
3–4 Hand voll junge Brennnesseln
2 Hand voll Petersilie
2 Schalotten
200 g Feta
weiche Butter für die Form
50 g Crème fraîche

1 | Die Hirse in einem Sieb heiß abbrausen und gut abtropfen lassen. Den Knoblauch schälen und fein hacken. In 1 EL heißer Butter in einem Topf kurz anschwitzen und die Hirse zugeben. Die Gemüsebrühe aufgießen und ca. 10 Minuten bei schwacher Hitze köcheln, bis die Brühe fast vollständig aufgesogen wurde, die Hirse aber noch Biss hat. Nach Bedarf Brühe nachgießen. Mit Salz und Pfeffer kräftig würzen und vom Feuer nehmen.

2 | Die Brennnesseln mit der Petersilie abbrausen, putzen, abzupfen und zusammen in Salzwasser kurz blanchieren. Abschrecken, gut abtropfen lassen und grob hacken.

3 | Die Schalotten schälen, fein würfeln und in einer heißen Pfanne in der übrigen Butter glasig anschwitzen. Abkühlen lassen und mit dem zerbröckelten Käse unter die Petersilien-Brennnesseln mengen. Mit Salz und Pfeffer abschmecken.

4 | Den Ofen auf 200 °C Unter- und Oberhitze vorheizen. Eine Auflaufform mit Butter auspinseln. Die Hirse in der Form verteilen und darauf die Crème fraîche verstreichen. Auf die Mitte die Brennnessel-Mischung setzen und im Ofen ca. 25 Minuten goldbraun überbacken.

Grüne-Smoothie-Eislollis

Spinat hat einen hohen Gehalt an Mineralien, Vitaminen (u.a. B-Vitamine und Vitamin C) sowie an Eisen.

Für 4–6 Stück

1 Mango
1 Banane
2 Hand voll junger Spinat
1 Hand voll Minze
1 Hand voll Petersilie
1 Zitrone, Saft
1 TL Matcha
200 ml Kokosmilch

1 | Die Mango schälen, das Fruchtfleisch vom Kern schneiden und grob würfeln. Die Banane schälen und in Scheiben schneiden. Den Spinat, die Minze und die Petersilie abbrausen, trocken schütteln und abzupfen.

2 | Die Kräuter mit der Banane, der Mango, dem Zitronensaft, dem Matcha und der Kokosmilch im Mixer fein pürieren. Etwas kaltes Wasser (ca. 150 ml) ergänzen, bis der Smoothie dick-cremig ist.

3 | In Eisförmchen füllen und ca. 2 Stunden anfrieren lassen. Eisstiele hineinstecken und für mindestens weitere 2 Stunden gefrieren lassen.

Register